essentials

Essentials liefern aktuelles Wissen in konzentrierter Form. Die Essenz dessen, worauf es als „State-of-the-Art" in der gegenwärtigen Fachdiskussion oder in der Praxis ankommt. Essentials informieren schnell, unkompliziert und verständlich

- als Einführung in ein aktuelles Thema aus Ihrem Fachgebiet
- als Einstieg in ein für Sie noch unbekanntes Themenfeld
- als Einblick, um zum Thema mitreden zu können

Die Bücher in elektronischer und gedruckter Form bringen das Expertenwissen von Springer-Fachautoren kompakt zur Darstellung. Sie sind besonders für die Nutzung als eBook auf Tablet-PCs, eBook-Readern und Smartphones geeignet.

Essentials: Wissensbausteine aus den Wirtschafts, Sozial- und Geisteswissenschaften, aus Technik und Naturwissenschaften sowie aus Medizin, Psychologie und Gesundheitsberufen. Von renommierten Autoren aller Springer-Verlagsmarken.

Eva-Maria Euchner

Prostitutionspolitik in Deutschland

Entwicklung im Kontext europäischer Trends

 Springer VS

Dr. Eva-Maria Euchner
Ludwig-Maximilians-Universität
München
Deutschland

ISSN 2197-6708   ISSN 2197-6716 (electronic)
essentials
ISBN 978-3-658-09746-2   ISBN 978-3-658-09747-9 (eBook)
DOI 10.1007/978-3-658-09747-9

Die Deutsche Nationalbibliothek verzeichnet diese Publikation in der Deutschen Nationalbibliografie; detaillierte bibliografische Daten sind im Internet über http://dnb.d-nb.de abrufbar.

Springer VS

Gedruckt auf säurefreiem und chlorfrei gebleichtem Papier

Springer Fachmedien Wiesbaden ist Teil der Fachverlagsgruppe Springer Science+Business Media
(www.springer.com)

Was Sie in diesem Essential finden können

- Eine Übersicht über die Geschichte der Prostitutionsregulierung in Europa von 1960 bis 2010
- Die wichtigsten Reformschritte in Deutschland seit 1960 bis 2014 sowie ein Einblick in die aktuelle Debatte in der 18. Legislaturperiode
- Eine Einführung in die verschiedenen gesetzlichen Regime der Prostitutionsregulierung
- Eine Ursachenanalyse der deutschen Regulierungshistorie
- Eine Systematisierung der vielfältigen Wertekonflikte, welche das Thema Prostitution hervorruft

Vorwort

Dieses Springer Essential zur Prostitutionspolitik in Deutschland beruht auf einem Beitrag des Sammelbands „Moralpolitik in Deutschland. Staatliche Regulierung gesellschaftlicher Wertekonflikte im historischen und internationalen Vergleich" von den Herausgebern Christoph Knill, Stephan Heichel, Caroline Preidel und Kerstin Nebel (2015). Neben Beiträgen zu Sterbehilfe, embryonaler Stammzellforschung, Homosexualität oder Pornographie, findet sich in Kapitel 6 der von mir verfasste Beitrag „Prostitutionsregulierung: Politische Einigung zulasten der Implementation".

Das Essential baut auf diesem Buchkapitel auf und ergänzt insbesondere die aktuelle Debatte in der großen Koalition, die Wertekonflikte, welcher der Prostitutionspolitik zugrunde liegen sowie eine detailliertere Ursachenanalyse der deutschen Regulierungshistorie. Somit steht nicht nur Prostitution als ein politikwissenschaftliches Forschungsproblem im Vordergrund, sondern die Darstellung von Prostitutionspolitik in Deutschland, in ihrer Gegenwart, ihrer Geschichte und ihrer Verortung im europäischen Kontext.

Diese Publikation ist im Rahmen des MORAPOL-Projekts unter der Leitung von Prof. Dr. Christoph Knill entstanden. Das Projekt erfasst und analysiert den Wandel unterschiedlicher Moralpolitiken für 26 Staaten über einen Zeitraum von 50 Jahren (1960–2010). Großer Dank gebührt dem Europäischen Forschungsrat, welcher das Vorhaben im Rahmen eines „ERC – Advanced Grant" über den Zeitraum von sechs Jahren (2010–2016) finanziert. Ich bedanke mich ebenfalls herzlich bei Prof. Dr. Knill und meinen Kollegen, die mir mit zahlreichen Kommentaren und Verbesserungsvorschlägen für frühere Versionen zur Seite standen. Hervorzuheben ist insbesondere die Unterstützung von Caroline Preidel und Emma Budde. Beide Kolleginnen arbeiteten auch an einem Essential und gaben wertvolle Hinweise im Hinblick auf Sprache und Form. Zuletzt danke ich meiner Familie und meinem Partner für die stetige Begleitung und Unterstützung.

Februar 2015   *Eva-Maria Euchner*
München

Inhaltsverzeichnis

Einleitung

1

In den letzten Jahren hat sich Deutschland den Ruf eingehandelt, „Europas größtes Bordell" zu sein. Dieser Vorwurf sorgte für Sprengstoff in der Politik. Die CSU[1]-Bundestagabgeordnete Erika Steinbach kritisierte: „Das bestehende Prostitutionsgesetz schützt nicht die betroffenen Frauen, sondern Menschenhändler, Zuhälter und Bordellbetreiber" (CDU[2]/CSU Fraktion im Deutschen Bundestag 15. April 2013). Die ehemalige Bundestagsabgeordnete von Bündnis 90/Die Grünen, Irmingard Schewe-Gerigk, verteidigte im Gegenzug die große Reform aus dem Jahr 2002 als Errungenschaft für Prostituierte. Sie habe zu einer wesentlichen Verbesserung der rechtlichen Lage von Prostituierten beigetragen (ARD 26. November 2013)[3]. Darüber hinaus ergänzte sie: „Der Staat muss sich nicht einmischen, wenn zwei Menschen einvernehmlich und gegen Geld miteinander Sex haben" (ebd.). Diese Diskussion veranschaulicht sehr gut den grundlegenden Wertekonflikt und die schier unvereinbaren parteipolitischen Positionen.

Das Thema gewann weiter an Brisanz aufgrund eines, von Alice Schwarzer initiierten, „Appell[s] gegen Prostitution". Im Herbst 2013 organisierte die bekannteste Feministin Deutschlands in Zusammenarbeit mit dem Frauenmagazin „Emma" eine Kampagne gegen die liberale Handhabung von Prostitution in Deutschland und erhielt viel Rückenwind aus Gesellschaft und Politik. Die große Koalition zwischen SPD[4], CDU und CSU arbeitet auch deshalb seit Frühjahr 2014 verstärkt an einem neuen Gesetzesentwurf.

---

[1] Christlich-Soziale Union.
[2] Christlich Demokratische Union.
[3] Arbeitsgemeinschaft der öffentlich-rechtlichen Rundfunkanstalten der Bundesrepublik.
[4] Sozialdemokratische Partei Deutschlands.

© Springer Fachmedien Wiesbaden 2015
E.-M. Euchner, *Prostitutionspolitik in Deutschland*, essentials,
DOI 10.1007/978-3-658-09747-9_1

In Abgrenzung zu anderen moralpolitischen Themen zeichnet sich die Regulierungsgeschichte von Prostitution weniger durch eine Tradition des Verbotes, sondern mehr durch eine liberale, wenngleich auch teilweise nicht eindeutige Rechtslage aus (vgl. die Regulierung von Homosexualität in Deutschland in Heichel und Rinscheid 2015, von Schwangerschaftsabbruch in Budde und Heichel 2015 oder von Sterbehilfe Preidel und Nebel 2015). Nicht nur in Deutschland, sondern auch in vielen anderen europäischen Staaten war der Verkauf von sexuellen Dienstleistungen bis in die 1990er Jahre weder verboten noch sanktioniert. Allerdings waren die Rahmenbedingungen der Ausübung so stark eingeschränkt, dass die Tätigkeit nur schwierig auf legalem Wege ausgeübt werden konnte und Prostituierte kaum rechtlichen Schutz erfuhren. Deutschland folgte diesem Regulierungsregime, welches hier als „Erlaubnis ohne Anerkennung" bezeichnet wird, bis Ende 2001. Bis dahin war der Verkauf von sexuellen Dienstleistungen zwar legal, galt allerdings als sittenwidrig. Folglich waren nach § 138 Abs. 1 BGB[5] sämtliche Verträge über die „geschlechtliche Hinhabe" nichtig. Diese juristische Einordnung ging darüber hinaus mit gravierenden Nachteilen im Bereich der Sozialversicherung einher, wenngleich für Prostituierte Einkommens- und Umsatzsteuerpflicht bestand. Die erste rot-grüne Koalition auf Bundesebene griff das Thema 1998 auf und verabschiedete eine weitreichende Reform, die Deutschland plötzlich an die Spitze der liberalen Staaten in Europa katapultierte. Seit 2002 ist Deutschland einer der bekanntesten Vertreter des Regulierungsmodells „Erlaubnis mit Anerkennung". Der Verkauf von sexuellen Dienstleistungen sowie ihre Organisation stellt nun keine sittenwidrige Tätigkeit mehr dar, sondern wird als reguläre Erwerbstätigkeit anerkannt. Nun drängt sich die Frage auf, warum Deutschland einen Politikwandel in die liberale Richtung vollzogen und sich nicht, wie einige andere Staaten in den letzten Jahren für einen restriktiven Ansatz entschieden hat. Und warum rudert Deutschland derzeit wieder zurück? Ist ein erneuter Paradigmenwechsel in naher Zukunft zu erwarten und welche Rahmenbedingungen haben zu dem hohen Reformdruck geführt?

Die empirische Analyse deckt auf, dass die Bewegung hin zu einem liberalen Regulierungsregime insbesondere der Problemdefinition von Prostitution zuzuschreiben ist. Diese wurde in den 1990er Jahren stark von Aktivisten der Prostituiertenprojekte und Politikern von Bündnis 90/Die Grünen geprägt (vgl. Dodillet 2013, S. 30 ff.; Euchner 2015b, S. 117 ff.). Sie profitierten von der wachsenden Kritik an Alice Schwarzers „Patriarchatsideologie", welche Prostitution rundweg ablehnte (Gebhardt 2012). Somit konnte sich das Bild einer mündig und verantwortungsbewusst handelnden Sexarbeiterin durchsetzen, welche durch klare rechtliche Rahmenbedingungen gestärkt werden sollte. Dieses Verständnis wurde in den

[5] Bürgerliches Gesetzbuch.

letzten Jahren zunehmend hinterfragt und der Ruf nach Reformen wurde lauter. Allerdings fehlt im Gegensatz zu den späten 1990er Jahren ein parteipolitischer Agent, der die Reformschritte hin zu einem restriktiveren Regime klar vorantreibt. Eine Reform ist allerdings dringend notwendig, da der derzeitige Reformstau in Deutschland EU-kritischen und rechtpopulistischen Kräften in die Hände spielt.

Zu Beginn des Beitrags werden die grundlegenden Wertekonflikte von Prostitution und deren normative Tradition herausgearbeitet. Kapitel 3 stellt dann die klassischen Regulierungsmodelle vor und verortet darin neben Deutschland 15 weitere europäische Staaten für den Zeitraum 1960 bis 2010. Im Anschluss wird die deutsche Regulierungsgeschichte in den europäischen Kontext eingeordnet und ihre zentralen Entscheidungsprozesse vorgestellt. Kap. 5 erarbeitet die zentralen Erklärungsfaktoren für den deutschen Weg in der Prostitutionspolitik, bevor in Kap. 6 eine Synthese der Ergebnisse erfolgt.[6]

---

[6] Personenbezeichnungen werden aus Gründen der besseren Lesbarkeit lediglich in der männlichen Form verwendet. Wenn nicht explizit erwähnt, ist dabei immer das andere Geschlecht mit angesprochen.

Wertekonflikte und ihre normativen Traditionen

Die Debatte zur Regulierung von Prostitution wird von unterschiedlichen moralischen Konflikten geschürt. Diese zeigen sich nicht nur in Deutschland, sondern prägen die Diskussion auch in vielen anderen Staaten (vgl. Verloo 2011; Outshoorn 2012). Andere Moralpolitiken, wie zum Beispiel Abtreibungs-, Scheidungs- und Familienpolitik, weisen ähnliche Konflikte auf (für eine detaillierte Vorstellung siehe Htun 2003). Das außerordentlich hohe Konfliktpotenzial wird von verschiedenen fundamentalen Fragen gespeist. Sie umfassen zum Beispiel die Stellung der Frau in der Gesellschaft, der Stellenwert von Sexualität und von Treue in der Partnerschaft bzw. Ehe, die Rolle von Religion in der Politik und schließlich auch die Frage nach den Grenzen legitimer staatlicher Einflussnahme im Hinblick auf die Privatsphäre des Bürgers.

Antworten auf all diese Fragen basieren auf Werturteilen und fußen somit auf moralischen, ethischen oder religiösen Normen und Überzeugungen (Budde im Erscheinen, S. 2). Diese persönlichen Normen und Überzeugungen entwickeln sich auf der Grundlage von unterschiedlicher Erziehung und Erfahrung, welche dann ein Leitbild vom „richtigen" und „falschen" Verhalten heranwachsen lässt. In der Prostitutionspolitik kann man grob zwischen drei normativen Traditionen unterscheiden: die christliche Tradition, die liberale Tradition sowie die feministische Tradition (vgl. Htun 2003, S. 29 ff.).

© Springer Fachmedien Wiesbaden 2015
E.-M. Euchner, *Prostitutionspolitik in Deutschland,* essentials,
DOI 10.1007/978-3-658-09747-9_2

2.1 Christliche Tradition

Die christliche Tradition und im Konkreten die Lehre der Katholischen Kirche und der Evangelischen Kirchen können das Wertegerüst eines Einzelnen stark beeinflussen (Mooney 2001; Htun 2003, S. 30 ff.; Euchner und Preidel 2014a). Sowohl der Katholizismus als auch der Protestantismus vermitteln grundlegende Normen und Werte bezüglich Sexualität und Partnerschaft. Somit prägen sie auch das individuelle Werteverständnis im Hinblick auf Prostitution, da diese den entgeltlichen Austausch von sexuellen Diensten zwischen zwei Personen zum Gegenstand hat.

Generell wird der Verkauf des menschlichen Körpers für sexuelle Handlungen und die daraus resultierende Gewinnerwirtschaftung durch Dritte von der Katholischen Kirche als moralisch verwerflich betrachtet. Niemand darf den menschlichen Körper eines anderen „benutzen", da dies „menschenunwürdig" ist (Katholische Kirche 1997, art. 2355). Seit Kurzem setzt sich die Katholische Kirche auch für die Bestrafung von Freiern ein und unterstreicht die Notwendigkeit, Frauen zu schützen und diese mit seelsorgerischen Maßnahmen bei Seite zu stehen (PCMIP 20.06.2005). Ferner sollte die Sexualität nicht dem puren Lustgewinn dienen, sondern der Zeugung von menschlichem Leben (Katholische Kirche 1995, S. 387). Gerade deshalb sollte Sexualität nur in einer stabilen und lebenslangen Partnerschaft stattfinden, in welcher sich beide Partner ehren und schätzen (ebd.). Jedwede kurzfristige Befriedigung von sexuellen Bedürfnissen sei moralisch verwerflich. Die Katholische Kirche mahnt auch zu sexueller Enthaltsamkeit außerhalb einer festen Partnerschaft (PCMIP 20.06.2005). Viele dieser Überzeugungen werden von der Evangelischen Kirche in Deutschland (EKD) geteilt. Das Frauenreferat der Evangelischen Kirche im Rheinland (EKiR 14.11.2008) erklärt zum Beispiel: „Auf Dauer macht Prostitution Körper und Seele kaputt." Insgesamt ist die Evangelische Kirche allerdings eher zurückhalten im Hinblick auf das Thema. Zudem gibt es sehr unterschiedliche Stimmen. Ihre zentrale Wohlfahrtsorganisation, die Diakonie, sprach sich zum Beispiel für die Konzessionierung von Bordellen aus (Wildt 2007, S. 5). Die ehemalige Vorsitzende der EKD, Margot Käßmann, setzt sich hingegen für die Bestrafung von Feiern und eine langfristige Abschaffung von Prostitution ein (Emma 2015). Abgesehen von diesen unterschiedlichen Stoßrichtungen in der EKD, teilen viele Mitglieder die Auffassung der Katholischen Kirche, dass Sexualität am besten in einer festen Partnerschaft stattfinden soll (Jentsch 1989, S. 327 ff.), Prostitution schädlich für „Körper und Seele" ist und generell zum Ausstieg aus der Prostitution geraten werden sollte (EKiR 14.11.2008).

2.2 Liberale Tradition

Die liberale Tradition fungiert als normativer Gegenpool des christlichen Werte-
verständnisses im Hinblick auf die Regulierung von Sexualpolitiken. Hierbei sind
zwei Prinzipien des Liberalismus zentral: erstens die Trennung zwischen Staat und
Kirche und zweitens die Verteidigung von individuellen Freiheitsrechten (Htun
2003, S. 37 ff.). Menschen, die ihre Wertvorstellungen vor allem aus der liberalen
Tradition speisen, protestieren gegen ein zu starkes „Hineinregieren" des Staates
in die Privatsphäre des Einzelnen. Somit sollte kein Bürger im Hinblick auf seine
Sexualität bestimmten staatlichen Vorgaben Folge leisten müssen; vor allem nicht
denjenigen Empfehlungen, die auf christlichen Idealen ruhen. Das liberale Gedan-
kengut befürwortet eine strikte Trennung zwischen staatlicher Regulierung und
christlicher Lehre. Folglich gibt es nach dieser Tradition keinen Grund, Freier oder
Prostituierte in ihrem Tun und Lassen einzuschränken. Andernfalls würde man ihre
individuellen Freiheitsrechte einschränken.

2.3 Feministische Tradition

Eine weitere normative Tradition, aus welcher viele Akteure in der Prostitutionspolitik ihre Wertvorstellungen speisen, ist der Feminismus (Htun 2003, S. 39 ff.).
Die Tradition gibt Orientierung, da überwiegend Frauen sexuelle Dienstleistungen anbieten und zumeist Männer diese nachfragen. Somit berührt Prostitution ein
Kernthema der feministischen Tradition: die Stellung der Frau in der Gesellschaft
sowie die Sexualität zwischen beiden Geschlechtern. Innerhalb der feministischen
Theorie gibt es zwei gegenläufige Positionen zu Prostitution, die von unterschiedlichen Strömungen – dem radikalen, liberalen und dem sozialistischen Feminismus – vertreten werden (Outshoorn 2005, S. 145). Laut Outshoorn (2005, S. 146)
liegt der zentrale Unterschied zwischen den Strömungen im Verständnis bezüglich
der Rolle von männlicher Sexualität und ihrem Einfluss auf die gesellschaftliche
Unterdrückung der Frau. Radikale Feministen betrachten Prostitution als Produkt
einer patriarchischen Gesellschaft, welche es dem „sociall more powerful sub-
ject" erlaubt, das schwächere „female object" zu kaufen (Svanström 2004, S. 230).
Prostitution wird als sexuelle Sklaverei und als extremer Ausdruck der sexuellen
Gewalt gegenüber Frauen betrachtet (Outshoorn 2005, S. 145). Genau dieses Phänomen sollte abgeschafft werden, und deshalb ist auch jegliche Art von Prostitution zu verhindern.
    Demgegenüber begreifen die sozialistische und die liberale Tradition Prosti-
tution als notwendiges Mittel oder „Übel" mit welchem Frauen in einer Gesell-

schaft überleben können. Deshalb sollte die Frauen und ihre Tätigkeit respektiert werden (Outshoorn 2005, S. 145). Folglich akzeptieren diese beiden Traditionen die Nachfrage nach und das Angebot von käuflichen sexuellen Dienstleitungen als gesellschaftlich gegeben und fordern deshalb die rechtliche Anerkennung von Prostitution als Beruf. Mit diesem Schritt erhoffen sie sich eine Verbesserung der Arbeitsbedingungen von Prostituierten. Denn ein Verbot des Verkaufs von sexuellen Dienstleistungen diskriminiere diejenigen Frauen, die sich freiwillig für diese Tätigkeit entscheiden (ebd.).

Oft stehen diese verschiedenen normativen Traditionen nicht für sich, sondern ihr Zusammenspiel prägt das Leitbild von einzelnen Personen (Euchner und Preidel 2014a). Vor diesem Hintergrund ist eine eindeutige Zuordnung von Parteien zu den drei Wertgerüsten schwierig. Eine grobe Einteilung ist allerdings möglich auf der Grundlage der jeweiligen ideologischen Tradition der Parteien. Die christliche Tradition wird im deutschen Parteiensystem vor allem von Mitgliedern der christlich-demokratischen Union von CDU und CSU vertreten (Weigl 2013, S. 469; Zolleis und Schmid Josef 2013, S. 479). Sie stehen somit der Prostitution und insbesondere einer liberalen Handhabung eher kritisch gegenüber. Die liberale Tradition hingegen, beeinflusst am ehesten das Leitbild der FDP[1], aber teilweise auch dasjenige von einzelnen Abgeordneten der grünen Partei oder der CDU (Vorländer 2013, S. 497 ff.; Probst 2013, S. 527; Zolleis und Schmid Josef 2013, S. 479). Sie verbieten sich einen zu starken Eingriff in den Handlungsspielraum von Freiern, Bordellbetreibern und Prostituierten. Die feministische Tradition ist in erste Linie durch das Bündnis 90/Die Grünen vertreten (vgl. Probst 2013, S. 526). Allerdings gibt es einzelne Vertreter aus anderen Parteien, die die Gleichstellung von Mann und Frau als ein primäres Thema erachten und den Forderungen der radialen, liberalen oder sozialistischen Feministinnen folgen. Diese Diversität im Wertegerüst innerhalb von Parteien und zwischen Koalitionen erschwert sehr stark den Entscheidungsfindungsprozess (Euchner 2015a). Mit dieser Eigenschaft reiht sich die Prostitutionspolitik nahtlos in das Feld der Moralpolitiken ein, welches sich typischerweise durch schier unvereinbare Wertekonflikte auszeichnet (Mooney 2001; Wagenaar und Altink 2012; vgl. Schmitt et al. 2013; Heichel et al. 2015).

---

[1] Freie Demokratische Partei.

Prostitutionsregime in Europa

Prostitutionspolitik ist gekennzeichnet durch eine verhältnismäßig lange Regulierungshistorie. Mit der Herausbildung moderner Nationalstaaten kam es im 19. Jahrhundert zur Etablierung regulativer Regime. Diese waren vergleichsweise liberal, wurden allerdings durch internationale Verrechtlichungen und eine transnationale Kampagne gegen Frauenhandel in der ersten Hälfte des zwanzigsten Jahrhunderts wieder zurückgedrängt (Limoncelli 2010). Ein Blick auf die dominierenden Regulierungsmodelle zu Beginn der 1960er Jahre verdeutlicht dies. Abbildung 3.1 zeichnet den Regulierungstrend im Politikfeld Prostitution von 1960 bis 2010 nach.

Zur Messung der Regulierungsintensität im Bereich Prostitution werden vier Regulierungsmodelle unterschieden: „Prohibitives Regime", „Abolitionistisches Regime", „Erlaubnis ohne Anerkennung" und „Erlaubnis mit Anerkennung" (vgl. Outshoorn 2004). Das Regulierungsmodell „Prohibitives Regime" verbietet jegliches Angebot von sexuellen Dienstleistungen vonseiten der Prostituierten. Im „abolitionistischen Regime" ist der Kauf von sexuellen Dienstleitungen verboten, während das Angebot prinzipiell legal ist. Im Gegensatz dazu ermöglicht das Modell „Erlaubnis ohne Anerkennung", sexuelle Handlungen gegen Entgelt legal anzubieten als auch zu erlangen. Allerdings ist die Tätigkeit oftmals stark eingeschränkt und nicht als reguläre Dienstleistung anerkannt. Das Regulierungsregime „Erlaubnis mit Anerkennung" steht für eine vollständige Liberalisierung. Erwachsenenprostitution ist nicht verboten; sexuelle Dienste können legal angeboten und gekauft werden, und die Tätigkeit wird als reguläre Dienstleistung anerkannt.

In Anlehnung an Euchner (2015b, S. 109 ff.).

© Springer Fachmedien Wiesbaden 2015
E.-M. Euchner, *Prostitutionspolitik in Deutschland*, essentials,
DOI 10.1007/978-3-658-09747-9_3

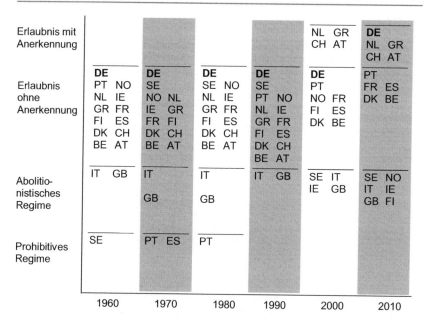

	1960	1970	1980	1990	2000	2010

Erlaubnis mit Anerkennung

2000: NL GR CH AT
2010: **DE** NL GR CH AT

Erlaubnis ohne Anerkennung

1960: **DE** PT NO NL IE GR FR FI ES DK CH BE AT
1970: **DE** SE NO NL IE GR FR FI DK CH BE AT
1980: **DE** SE NO NL IE GR FR FI ES DK CH BE AT
1990: **DE** SE PT NO NL IE GR FR FI ES DK CH BE AT
2000: **DE** PT NO FR FI ES DK BE
2010: PT FR ES DK BE

Abolitionistisches Regime

1960: IT GB
1970: IT GB
1980: IT GB
1990: IT GB
2000: SE IT IE GB
2010: SE NO IT IE GB FI

Prohibitives Regime

1960: SE
1970: PT ES
1980: PT

Abb. 3.1 Europäischer Regulierungstrend im Bereich Prostitution (1960–2010). (Anmerkungen: Darstellung des Regulierungsniveaus (*y-Achse*) über den Zeitraum 1960–2010 (*x-Achse*). Deutschland (*DE*) jeweils fett gedruckt. $N=16$. Datenquelle: MORAPOL. Quelle: Euchner (2015b, S. 110). *AT* Österreich, *BE* Belgien, *CH* Schweiz, *DE* Deutschland, *DK* Dänemark, *ES* Spanien, *FI* Finnland, *FR* Frankreich, *GB* Großbritannien, *GR* Griechenland, *IE* Irland, *IT* Italien, *NL* Niederlande, *NO* Norwegen, *PT* Portugal, *SE* Schweden)

Im Jahr 1960 war das Angebot von sexuellen Dienstleistungen in den meisten europäischen Staaten an sich zwar erlaubt, aber durch viele rechtliche Vorgaben stark eingeschränkt und nicht als reguläre Tätigkeit anerkannt. Viele Prostituierte agierten in einer Grauzone und machten sich leicht angreifbar, da sie kaum Rechte gegenüber Freiern oder Bordellbesitzern besaßen. Das Modell „Erlaubnis ohne Anerkennung" fand in Europa bis in die späten 1990er Jahre weite Verbreitung. Die Staaten unterschieden sich teilweise durch Beschränkungen hinsichtlich der Orte der Ausübung. In sehr vielen Staaten waren Bordelle verboten und nur der Verkauf in privaten Wohnungen oder auf der Straße erlaubt. Beispiele hierfür sind Norwegen, Schweden, Österreich und die Schweiz. In diesen Ländern war zumeist auch Zuhälterei verboten. Schweden, Portugal und Spanien verfolgten hingegen einen sehr restriktiven Ansatz. Prostitution war teilweise bis Ende der 1970er Jahre offiziell verboten und mit hohen Strafen belegt. Dies endete in beiden südeuropäischen Ländern dann mit dem Zusammenbruch der Diktatur. Italien und Großbritannien hingegen folgten schon früh dem „abolitionistischen Regime" und bestraften (nur) den Kauf von sexuellen Dienstleistungen, insbesondere im öffentlichen Raum (Straßenprostitution).

Im Gegensatz zu anderen Politikbereichen führte die sexuelle Revolution der späten 1960er Jahre und das Erstarken der Frauenbewegung in den 1970er Jahren zu keinen gravierenden regulativen Änderungen in der Prostitutionspolitik (vgl. die Regulierungshistorie von Homosexualität oder Pornografie in Heichel und Rinscheid 2015 und Person 2015). Erst nachdem das Thema Frauenrechte auf der internationalen und europäischen Ebene an Bedeutung gewann (ab Mitte der 1980er Jahre) und Prostitution zunehmend mit Menschenhandel in Verbindung gebracht wurde, stieß die Prostitutionspolitik auf Interesse in den nationalen Parlamenten. Das Europäische Parlament forderte 1986 die Mitgliedstaaten auf, Prostitution zu entkriminalisieren und Prostituierten dieselben Rechte wie anderen Bürgern zuzusprechen.[1] Die Weltkongresse der internationalen Prostitutionsbewegung in den Jahren 1985 und 1986 sowie der 1. Europäische Prostituierten Kongress in Frankfurt am Main im Jahr 1991 rückten das Thema auf der medialen und politischen Agenda weiter nach oben (Drößler 1992). Auch das in den 1980er Jahren entdeckte HI-Virus schürte die Debatte. Prostituierte galten als Risikogruppe (Galen 2004, S. 7).

Obwohl die europäischen Staaten mit diesem neuen Problemdruck konfrontiert waren, entschieden sie sich für sehr unterschiedliche Regulierungsregime. Abbildung 3.1 zeigt deutlich, dass ab 1990 einige Staaten in ein restriktiveres Regime wechselten und andere Staaten sich in die entgegengesetzte Richtung bewegten. Schweden, Norwegen und Irland folgten von da an einem „abolitionistischen Regime". Diese Länder verboten den Kauf von sexuellen Dienstleistungen und belegten ihn mit Gefängnisstrafen bis zu einem Jahr. Deutschland, die Niederlande und Griechenland sowie die Schweiz und Österreich legalisierten im Gegenzug Erwachsenprostitution vollständig und erkannten die Tätigkeit als reguläre Dienstleistung an. Dies ermöglicht Prostituierten den Zugang zu nationalen Sozialversicherungssystemen und geht mit mehr Rechten im Hinblick auf Freier und Bordellbetreiber einher. Einige Länder wie Spanien, Portugal oder Frankreich sind allerdings in ihrem bisherigen Regulierungsregime verblieben. Somit finden sich in Europa ganz unterschiedliche Regulierungsansätze.

---

[1] Resolution on Violence against Women, European Parliament Doc. A2-44/86 (11. Juni 1986). Official Journal of the European Communities. C Series (O. J. C), 29(176), 14. Juli 1986, S. 73–83.

Deutschland folgte jahrelang dem Regime „Erlaubnis ohne Anerkennung" bis sich der Bundestag 2001 für einen Wandel hin zu einem liberaleren Modell entschied.[2] Auf den ersten Blick erscheint Deutschland als Nachzügler, da die Niederlande, Österreich oder Griechenland bereits im Jahr 2000 ähnlich liberale Gesetze implementiert hatten. Die zeitliche Differenz beträgt allerdings nur wenige Jahre, da die Niederlande und Griechenland Reformen im Jahr 1999 eingeleitet haben und Österreich im Jahr 1997. Zudem ist Deutschland für seine besonders liberale Auslegung des Rechts bekannt. Das folgende Kapitel beschäftigt sich nun damit, wie sich der deutsche Weg ausgestaltet, auf welcher Historie er beruht und ob in naher Zukunft eine klare Kursänderung zu erwarten ist.

---

[2] Das Prostitutionsgesetz trat am 01.01.2002 in Kraft.

Der deutsche Weg in der Prostitutionspolitik

4

4.1 Historische Entwicklung von 1960 bis 2000

Die deutsche Nachkriegsgesellschaft war durch christlich-konservative Wertvorstellungen und eine rigide Sexualmoral geprägt (Gebhardt 2012, S. 126). Das Thema Sexualität war mit einem Mantel des Schweigens bedeckt und stark ins Private zurückgedrängt. Somit sah die Politik auch in den ersten Jahrzehnten keinen Anlass, über das Thema Prostitution zu diskutieren, geschweige denn eine Reform des bereits relativ liberalen *Status quo* zu initiieren. Das Gesetz zur Bekämpfung von Geschlechtskrankheiten aus dem Jahr 1953, die §§ 180 ff. des Strafgesetzbuches sowie ein Urteil des Reichsgerichts von 1901 bildeten den rechtlichen Rahmen.[1] Prostitution war zwar legal, galt allerdings als sittenwidrige Tätigkeit. Als Maßstab für die guten Sitten diente dem Reichsgericht die Formel des „Anstandsgefühl[s] aller billig und gerecht Denkenden".[2] Diese Formulierung hatte zur Folge, dass sämtliche Verträge, die im Zusammenhang mit der „gewerblichen Unzucht" standen, nichtig waren. Dazu gehörten zum Beispiel Verträge zwischen Prostituierten und Kunden, und später auch Vereinbarungen zwischen Prostituierten und Bordellbetreibern. Somit konnten Prostituierte nicht ihren Lohn bei Freiern einklagen, gleichzeitig war aber ihr Verdienst einkommensteuerpflichtig (Galen 2004).

Weitestgehend in Anlehnung an Euchner (2015b, S. 112 ff.).

---

[1] Die folgende Beschreibung bezieht sich nur auf Westdeutschland. In Ostdeutschland war Prostitution bis zur Wiedervereinigung verboten (Kelly et al. 2009).

[2] RGZ 48, S. 114, 124 (RGZ = Entscheidung des Reichsgerichts in Zivilsachen).

© Springer Fachmedien Wiesbaden 2015
E.-M. Euchner, *Prostitutionspolitik in Deutschland,* essentials,
DOI 10.1007/978-3-658-09747-9_4

Im Sozialrecht folgte aus der Sittenwidrigkeit, dass Prostituierte nicht sozial-
versicherungspflichtig sein konnten. Auch eine freiwillige Krankenversicherung
wurde den Prostituierten in der Praxis meist nicht gewährt (Enquete-Kommission
1990). Der gesetzlichen Rentenversicherung konnten Prostituierte auf freiwilliger
Basis beitreten, allerdings wurden beispielsweise Ausfallzeiten nicht angerechnet.
Kurz gesagt, Prostituierte erhielten bei Krankheit, Arbeitslosigkeit, Berufs- und
Erwerbsunfähigkeit keine Sozialleistungen und im Alter nur dann, wenn sie sich
freiwillig versichert hatten (Enquete-Kommission 1990, S. 248). Darüber hinaus
war es verboten, für sexuelle Dienstleistungen zu werben (§ 120 OWiG[3]) und diese
in der Nähe von Schulen oder anderen Orten, an welchen sich Jugendliche unter
18 Jahren aufhalten könnten, anzubieten (§ 184b StGB[4]). Die rechtliche Umsetzung wurde den Bundesländern und Kommunen überlassen, welche dies mit Hilfe
von sehr unterschiedlichen Sperrbezirksverordnungen taten. Der Vollzug des Ge-
schlechtskrankheiten-Gesetzes von 1953 wurde ähnlich gehandhabt. Somit oblag
es den lokalen Gesundheitsämtern, Prostituierte im Verdachtsfall Gesundheitskon-
trollen zu unterziehen.

Die begleitende Rechtsprechung nach 1945 bestätigte das Verdikt der Sittenwid-
rigkeit und gab lange keinen Anstoß für eine liberale Handhabung (Galen 2004,
S. 2). Im Gegenteil, der 1. Senat des Bundesverwaltungsgerichts stufte im sogenann-
ten „Astrologieentscheid"[5] von 1965 Prostitution als „gemeinschaftsschädlich[e]"
Tätigkeit ein. Prostituierte wurden mit Berufsverbrechern gleichgesetzt, die „von
vornherein außerhalb der Freiheitsverbürgung des Art. 12 Abs. 1 GG." agieren
(Galen 2004, S. 2). Im sogenannten „Peep-Show"-Urteil[6] von 1980 erklärte das
Bundesverwaltungsgericht, dass Peep-Shows sittenwidrig seien, weil sie die Men-
schenwürde der Beteiligten verletzten, auch wenn sie freiwillig handelten. Dieses
Urteil war für die Prostitutionspolitik ebenfalls relevant, da der Verkauf von sexuellen Dienstleistungen als ein noch „schwerwiegenderes Phänomen" verstanden
wurde (Galen 2004, S. 3).[7]

Die gesellschaftliche Realität sah allerdings ganz anders aus. Der Ruf nach mehr
sexueller Freizügigkeit und Selbstbestimmung machte auch vor Deutschland nicht
Halt (Etzemüller 2005). In den 1970er Jahren etablierten sich vermehrt Bordelle in

---

[3] Ordnungswidrigkeitengesetz.

[4] Strafgesetzbuch.

[5] BVerwGE 22, S. 286, 289 (BVerwGE = Bundesverwaltungsgericht).

[6] BVerwGE 84, S. 314, 321.

[7] Das Urteil wurde allerdings im Nachklang noch häufig kritisiert und dann in einem 2.
Urteil revidiert. Daraufhin wurde „Sittenwidrigkeit" allein über die Wertvorstellung der
Rechtsgesellschaft definiert (Galen 2004).

den großen Städten, die sich am Rande der Legalität bewegten. Zumindest wurde in der großen Strafrechtsreform von 1973 der Tatbestand der Kuppelei abgeschafft, welcher auch das Prostitutionsgewebe betraf. Von nun an war die Zimmervermittlung und -vermietung an volljährige Prostituierte keine Straftat mehr. Zuhälterei und das Betreiben eines Bordells über die Gewährung von Wohnungen hinaus blieben allerdings strafbar (§ 180a StGB von 1973). Kommunale Ordnungsbehörden waren für die Umsetzung verantwortlich und konnten gegebenenfalls Bordellbetreibern die Gaststättenerlaubnis entziehen.

Trotz der wachsenden Diskrepanz zwischen gesellschaftlicher Realität und formalem Recht stieß das Thema lange Zeit auf geringe politische Resonanz. Erst mit der HIV-Debatte Ende der 1980er-Jahre gelang Prostitution wieder auf die parlamentarische Agenda. Die Enquete-Kommission „Aids" erarbeitete eine Bestandsaufnahme der rechtlichen und sozialen Situation von Prostituierten und empfahl unter anderem § 180a StGB dahingehend zu ändern, dass ordentlich geführte Bordelle, die mit den Gesundheitsbehörden zusammenarbeiten, nicht mehr unter den Tatbestand der Ausbeutung von Prostituierten fallen sollten. Zudem sollte unauffällige Werbung für sexuelle Dienstleistungen nicht mehr strafbar sein (Enquete-Kommission 1990, S. 251).[8] Der Empfehlung folgten allerdings keine regulativen Konsequenzen.

Von da an waren insbesondere die Grünen und die Linken bemüht, das Thema auf der parlamentarischen Agenda zu halten. Der erste Gesetzentwurf wurde 1990 von den Grünen eingebracht. Die Partei forderte unter anderem die Aufhebung von Sperrgebietsverordnungen, eine Abschaffung des Werbeverbots und eine liberalere Handhabung im Hinblick auf die Bordellbetreiber.[9] Das Bundesministerium für Frauen und Jugend reagierte auf den steigenden Druck, indem es eine weitere Studie in Auftrag gab. Diese wurde 1994 veröffentlicht. Aber auch ihr folgten keine legislativen Veränderungen. Während die 12. Legislaturperiode sonst weitgehend „ruhig" verlief, stieg in der 13. Legislaturperiode (1994–1998) die parlamentarische Aufmerksamkeit. Die Grünen brachten erneut einen Gesetzentwurf mit ähnlichen Forderungen ein. Wieder war dieser stark von Aktivistinnen des Prostituiertenprojekts Hydra e. V. geprägt. Die SPD wurde ebenfalls aktiv und forderte in einer eigenen Gesetzesinitiative die Abschaffung der Sittenwidrigkeit der Prostitution.[10] Der Entwurf der SPD wurde Teil eines sogenannten „vereinfachten Verfahrens". Das heißt, der Entwurf wurde nach einer interfraktionellen

---

[8] BT-Drs. 11/7200 (BT-Drs. = Drucksachen des Deutschen Bundestags).

[9] BT-Drs. 11/7140.

[10] BT-Drs. 13/8049.

Einigung ohne Aussprache an die vorgesehenen Ausschüsse überwiesen.[11] Für die Initiative der Grünen wurde hingegen eine halbstündige Aussprache angesetzt, in welcher die Grünen eine Redezeit von sieben Minuten veranschlagten. Dies deutet daraufhin, dass die Grünen sich stark für das Thema eingesetzt haben, da der Bundestagspräsident zusammen mit den Geschäftsführern der Fraktionen die Redezeit verhandelt. Ohne den vehementen Einsatz der Grünen wäre vermutlich auch dieser Entwurf direkt an die Ausschüsse überwiesen worden.

In dieser Aussprache forderten die Grünen ein Ende der Diskriminierung und der bestehenden Doppelmoral. Die Abgeordnete Irmingard Schewe-Gerigk erklärte, auf der einen Seite stünde die stigmatisierte Prostituierte und auf der anderen Seite befände sich „der honorige Kunde (…), der die sexuelle Dienstleistung nachfragt" (BT-Plenarprotokoll 13/169, S. 15354). Diese Aufspaltung der beiden Seiten des Geschäfts habe dazu geführt, dass auch Gesetze Prostituierte diskriminierten. Die Sozialdemokratin Ingrid Holzhüter unterstützte ihre Kollegin und forderte dazu auf „nicht päpstlicher als der Papst" zu sein, denn „Moral war nicht immer Hintergrund einer christlichen Betrachtung" (BT-Plenarprotokoll 13/169, S. 15361). Sie klagte die christdemokratische Frauenministerin Claudia Nolte an, dass diese sich nur „hinter einer moralischen Wertung" verstecke, „um eine Entschuldigung zu haben, nichts für diese Frauen zu tun" (BT-Plenarprotokoll 13/169, S. 15361). Die CDU/CSU-Fraktion entgegnete, dass die Grünen zwar ein wichtiges Thema aufgegriffen hätten, Prostitution allerdings kein Beruf wie jeder andere wäre. Der Kauf sexueller Dienstleistungen widerspräche „den Moralvorstellungen der eindeutigen Mehrheit des Volkes und auch der Wertordnung des Grundgesetzes" (Plenarprotokoll 13/169, S. 15360). Der Christdemokrat, Horst Eylmann, führte aus: „Intimbereiche, die mit dem Kern der Persönlichkeit aufs engste verknüpft sind [,] (…) zur Ware zu machen, verstößt gegen die Würde des Menschen" (BT-Plenarprotokoll 13/169, S. 15360). Die Zitate veranschaulichen, auf welche unterschiedlichen normativen Traditionen, die einzelnen Abgeordneten zurückgriffen. Während die Grünen eher die Argumentationslinie des sozialistischen bzw. liberalen Feminismus verfolgten, beriefen sich Abgeordnete der CDU und CSU mehrheitlich auf die christliche Lehre. Trotz der Vehemenz der Grünen wurden am Ende beide Entwürfe in die federführenden Ausschüsse überwiesen und schließlich mit den Stimmen der CDU, CSU und FDP gegen die Stimmen der anderen Parteien abgelehnt.

---

[11] Plenarprotokoll 12/184, S. 16617.

4.2 Durchbruch im Jahr 2001

Erst mit dem Wahlsieg der rot-grünen Koalition im Jahr 1998 gelang der Durchbruch für eine Reform hinzu einer liberaleren Regulierung von Prostitution. Nach einer langen Aushandlungsphase zwischen den Koalitionspartnern wurde schließlich ein Gesetzesentwurf vorgelegt, welcher die Sittenwidrigkeit von Prostitution abschaffte.[12] Dieser Entwurf wurde nach der Sachverständigenanhörung im federführenden Bundestagsausschuss noch um zwei Paragraphen ergänzt. Zum einen wurde klargestellt, dass eine gewerbsmäßige Vermittlung von sexuellem Verkehr bei freiwillig ausgeübter Prostitution nicht strafbar ist (Art. 2).[13] Zum anderen wurde präzisiert, dass ein eingeschränktes Direktionsrecht nicht dem Zustandekommen eines versicherungspflichtigen Beschäftigungsverhältnisses entgegen stehe (Art. 1).[14] Ein eingeschränktes Direktionsrecht meint, dass ein Bordellbetreiber nur begrenzt Prostituierte im Hinblick auf ihre Tätigkeit anweisen darf. Arbeitszeiten können zum Beispiel vom Bordellbetreiber diktiert werden, allerdings ist es unrechtmäßig, die Kunden sowie den Umfang oder die Art der Dienstleistung der Prostituierten vorzuschreiben (vgl. Galen 2004).

Der Entwurf wurde gegen die Stimmen der CDU/CSU-Fraktion mit zwei Enthaltungen der PDS verabschiedet und am 20. Dezember 2001 verkündet.[15] Die PDS legte einen alternativen Gesetzentwurf vor, der erfolglos blieb. Damit hatten Prostituierte deutscher Staatsangehörigkeit ab dem 01. Januar 2002 erstmals das Recht, sich im Sozial-, Kranken- und Rentenbereich versichern zu lassen sowie ein einklagbares Recht auf ihren Verdienst (Schmitter 2013, S. 28). Darüber hinaus war die Förderung von freiwilliger Prostitution zum Beispiel mittels der Bereitstellung von Arbeitsmitteln wie Kondomen oder Handtüchern nicht mehr strafbar. Mit dieser Reform katapultierte sich Deutschland an die Spitze der permissiven Staaten in Europa. Nach einer langen Phase der Nichtbeachtung des Themas, gelang Deutschland somit ein weitreichender Politikwandel.

---

[12] BT-Drs. 14/5958.

[13] BT-Drs. 14/7174.

[14] BR-Drs. 817/01.

[15] Die CDU/CSU-Fraktion reichte einen Entschließungsantrag ein, in dem sie ihre Ablehnung des Gesetzesentwurfs begründeten (BT-Drs. 14/6781).

4.3 Aktuelle Debatte

Das bestehende Prostitutionsgesetz geriet zunehmend in die Kritik in den letzten Jahren. Eine Evaluation des Gesetzes in der 16. Legislaturperiode (2005–2009) deckte einige Mängel auf. Seit diesem Zeitpunkt wurden immer wieder Reformschritte diskutiert, allerdings nie umgesetzt. Erst die zweite große Koalition konkretisierte Reformpläne. Sozialdemokraten und Christdemokraten hatten sich bereits in ihrem Koalitionsvertrag vom 16. Dezember 2013 geeinigt, das Prostitutionsgesetz zu reformieren und ordnungspolitische Kontrollmöglichkeiten zu verbessern (CDU/CSU und SPD 27.11.2013, S. 104). Im Juni 2014 organisierte Bundesministerin Manuela Schwesig eine breit angelegte Anhörung, mit dem Ziel Praktiker zu Wort kommen zu lassen und einen Überblick über potenzielle Reformschritte zu erhalten. Gleichzeitig reagierte sie damit auf einen Entschließungsantrag des Bundesrats zur Regulierung von Prostitution und Prostitutionsstätten.[16] Nach größeren Querelen zwischen den Koalitionspartnern bezüglich der genauen Ausgestaltung des Gesetzesentwurfs (FAZ 08.08.2014)[17], konnten die Verhandlungspartner im Januar 2015 erste Streitpunkte ausräumen (FAZ 04.02.2015). Zum einen soll es zukünftig eine Kondompflicht für Freier geben, allerdings ohne die Androhung eines Bußgeldes gegenüber von Prostituierten. Zum anderen soll eine Erlaubnispflicht zur Eröffnung von Bordellen eingeführt werden (ebd.).

Die letztgenannte Maßnahme würde die Kontrollmöglichkeiten von Ordnungsbehörden und Polizei erweitern, da höhere gewerberechtliche Auflagen als auch Regelungen des Bau- und Ausländerrechts eingefordert werden könnten. Das heißt, ein Gewerbe muss nicht nur als Prostitutionsbetrieb angezeigt werden, sondern muss auch eine explizite Erlaubnis erhalten. Diese beinhaltet verschiedene Auflagen für den Betreiber und seine Angestellten. Gemäß §§ 33a ff. der Gewerbeordnung ist dies zum Schutz der Allgemeinheit möglich und zum Beispiel verpflichtend für Apotheken, Fahrschulen oder Spielhallen (Kavemann 2012, S. 11). Dieser Reformschritt wäre eine zentrale Erneuerung, da in den meisten Bundesländern Prostitution nicht als Gewerbe anerkannt wird und Prostitutionsbetriebe weder angezeigt noch in ihrer besonderen Form erlaubt werden müssen (Kavemann 2012, S. 10 ff.). Der Bund-Länder-Ausschuss „Gewerberecht", welcher sich nach der 2001-er Reform formierte, lehnte eine Anerkennung von Prostitutionsstätten als rechtmäßiges Gewerbe ab, sprach aber keine einheitlichen Empfehlungen aus (ebd.). Somit gibt es in Deutschland einen Flickenteppich an Vorgaben für Prostitutionsstätten. In manchen Bundesländern haben Bordellbetriebe „nur"

---

[16] BR-Drs 71/14.
[17] Frankfurter Allgemeine Zeitung.

eine Gaststättenlizenz, in anderen sind sie als „gewerbliche Zimmervermietung" geduldet und in dritten Bundesländern wird die Anzeige komplett abgelehnt. Auf der Grundlage dieser Erlaubnispflicht könnte die Politik „Flatrate-Bordelle" verhindern. Ferner erhofft man sich, dass sich „überprüfte Betriebe" im Wettbewerb mit dem illegalem Milieu besser durchsetzen können (Kavemann 2012, S. 12).

Weitere geplante Reformschritte der großen Koalition sind die behördliche Anmeldepflicht für Prostituierte sowie eine vermehrte Förderung von Beratungen zur Ausstiegshilfe. Das von der Union geforderte Mindestalter von 21 Jahren wird vermutlich nicht Teil des Gesetzesentwurfs (FAZ 04.02.2015). Allerdings wird es aller Voraussicht nach wieder eine gesundheitliche Pflichtuntersuchung geben, wie sie bereits vor der 2001er-Reform bestand.

Somit sind insgesamt einige Maßnahmen geplant, die zwar den Handlungsspielraum von Prostituierten und Bordellbetreibern einschränken, aber nicht als Paradigmenwandel bezeichnet werden können. Die meisten Reformpläne stellen vielmehr eine Konkretisierung der bestehenden Rechtslage dar. Einige Bundesländer bzw. Städte übernehmen eine Vorbildfunktion, da sie den rechtlichen Spielraum ausgefüllt und gewerberechtliche Maßnahmen verabschiedet haben. Das „Dortmunder Modell" ist ein bekannter Fall. Die Stadt Dortmund behandelt die Ausübung von Prostitution als Gewerbe (BMFSFJ[18] 2007, S. 60). Ab drei Prostituierten pro Apartment muss ein „Betrieb" beim Finanzamt angemeldet werden. Gleiches gilt für reguläre Bordellbetriebe. Einzelnen Prostituierten wird die Möglichkeit eingeräumt, freiwillig eine Gewerbeanmeldung als Prostituierte zu beantragen, und Straßenprostituierte konnten vor 2011 eine Reisegewerbekarte erhalten (Minzel 2015).[19]

Derzeit steht kein grundsätzliches Verbot des Angebots oder der Nachfrage von sexuellen Dienstleistungen zur Debatte. Außerdem werden erwachsene Prostituierte, die selbstständig arbeiten bzw. in einem Arbeitsverhältnis stehen, ihren arbeitsrechtlichen Status behalten können. Falls sich die beiden Koalitionspartner abschließend einigen sollten, würde Deutschland somit weiterhin im Regime „Erlaubnis mit Anerkennung" verbleiben. Auch wenn kein eindeutiger Paradigmenwechsel geplant ist, ist doch eine Kehrtwende sichtbar. Es wird zunehmend davon gesprochen, Freier mit in die Verantwortung zu ziehen. Ferner wirbt das Bundesfamilienministerium für Modellprojekte, die in erster Linie Ausstiegshilfen aus der Prostitution anbieten, wie zum Beispiel DIWA in Berlin oder P.I.N.K. in Freiburg (BMFSFJ 2015). Die neuen Forderungen in der deutschen Prostitutionspolitik werfen die Frage auf, wie es so weit gekommen ist nachdem man doch

---

[18] Bundesministerium für Familie, Senioren, Frauen und Jugend.

[19] Letztere Option ist seit der Änderung der Sperrbezirksverordnung und der Schließung des Straßenstrichs im Jahr 2011 nicht mehr möglich (SZ 22.03.2013).

bereits 2001 die Gesetzgebung weitreichend reformiert hatte. Im Hinblick auf den ersten Reformschritt kann man sich fragen, warum ausgerechnet Deutschland, das bekannt ist für seine zurückhaltende Haltung im Bereich der Regulierung von Sexualpolitiken, zu einem der populärsten Vertreter des liberalsten Prostitutionsregimes wurde. Im gleichen Zeitraum haben sich auch andere Staaten mit ähnlichem *Status quo* „in Bewegung" gesetzt, allerdings in die entgegengesetzte Richtung. Im Folgenden werden nun beide Leitfragen – die Ursachen des Regimewandels in 2001 sowie die Beweggründe der geplanten gesetzlichen Änderungen in der Gegenwart – untersucht.

Ursachen des deutschen Wegs: Problemdefinition und parteipolitische Agenten

5

Zwei Phänomene sind zentral für den Weg, den Deutschland in den späten 1990er Jahren eingeschlagen hat bzw. derzeit unter der großen Koalition verfolgt: erstens die Problemdefinition und zweitens die Präsenz von parteipolitischen Agenten. Zuerst steht somit die Frage im Mittelpunkt, welche Missstände im Prostitutionsgewerbe identifiziert werden. Haben wir es zum Beispiel mit einem ordnungspolitischen Problem zu tun? Also geht es darum, die öffentliche Ordnung und den Jugendschutz zu wahren sowie Beschwerden von Anwohnern zu begegnen? Oder sehen wir, dass das Gewerbe grundsätzliche gegen moralische und religiöse Wertvorstellungen der deutschen Gesellschaft verstößt? Das heißt, man betrachtet den entgeltlichen Verkauf von sexuellen Diensten *per se* als unvereinbar mit den moralischen Wertvorstellungen in Deutschland. Andere fokussieren sich auf die negativen Begleiterscheinungen von Prostitution und erkennen Menschenhandel und Zwangsprostitution als zentrale Problematik. Wieder andere verstehen Prostitution als ein Problem der sozialen Ungleichheit, da oft arme oder weniger gebildete Frauen und Männer in diesem Gewerbe tätig sind. Letztlich gibt es viele Frauenrechtler, welche Prostitution vornehmlich als ein, die Gleichberechtigung bremsendes, Element in der deutschen Gesellschaft kritisieren.

Generell lässt sich sagen, dass die Art der Problemdefinition den Lösungsansatz bestimmen kann (Baumgartner und Mahoney 2008; vgl. Euchner et al. 2013). Zum Beispiel löst ein Verbot von Straßenprostitution nicht notwendigerweise negative Begleiterscheinungen, wie Menschenhandel und Zwangsprostitution. Allerdings ist die Maßnahme im Hinblick auf ordnungspolitische Probleme wirksam. Damit es jedoch zu einer Reform kommt, sind neben der Problemdefinition auch partei-

© Springer Fachmedien Wiesbaden 2015
E.-M. Euchner, *Prostitutionspolitik in Deutschland,* essentials,
DOI 10.1007/978-3-658-09747-9_5

politische Agenten von Nöten. Das heißt, einzelne Abgeordnete oder Fraktionen sollten die Problemwahrnehmung teilen und sich für deren Umsetzung stark machen.

Im Folgenden wird die Problemdefinition von Prostitution in beiden Reformphasen (1990er Jahre und heute) nachgezeichnet. Gesellschaftliche Akteure (z. B. Interessengruppen) und die Entwicklung des Prostitutionsmarktes (z. B. durch Osterweiterung der Europäischen Union) sind hierbei wegweisende Kräfte. Unterkapiteln 5.1 und 5.2 führen deren Beschaffenheit und Wandel über Zeit im Detail aus. Daraufhin erfolgt eine Übersicht über die zentrale parteipolitische Agenten, die sich in der jeweiligen Reformphase der Problemdefinition annehmen (Unterkapitel 5.3).

5.1 Problemdefinition: Einfluss von Interessengruppen und der deutschen Frauenbewegung[1]

Die Definition und Perzeption von Prostitution als politisches Problem in den 1990er Jahren war stark von sogenannten Prostituiertenprojekten beeinflusst. Diese Projekte haben eine lange Tradition in Deutschland und werden von (ehemaligen) Prostituierten und Sozialarbeitern gemeinsam organisiert. Das bekannteste Prostituiertenprojekt, Hydra e. V., wurde 1980 von Mitarbeitern der Beratungsstelle für Geschlechtskrankheiten in Berlin gegründet. Der Verein fordert ein Ende der rechtlichen und gesellschaftlichen Diskriminierung von Prostituierten und verfolgt dieses Ziel mit einer Vielzahl an öffentlichkeitswirksamen Maßnahmen. Er organisierte z. B. den 1. Nationalen Hurenkongress in Deutschland im Jahr 1985 und wirkte aktiv bei der Ausrichtung des 1. Europäischen Prostituiertenkongresses in Frankfurt am Main mit (Drößler 1992, S. 9; Leopold et al. 1994, S. 113). Auf dem europäischen Kongress stellte die Prostituierte und Vorsitzende des Prostituiertenprojekts HWG e. V., Cora Molloy, das Konzept „Beruf Hure" vor. Molloy differenzierte zwischen drei möglichen Szenarien: Als erstes Beispiel wurde die „abhängig beschäftigte Lohnarbeiterin" genannt, gefolgt von der „selbständigen Unternehmerin", die ein Gewerbe anmelden, Steuern zahlen und sich privat kranken- und sozialversichern sollte. Als dritte Form wurde die „Subunternehmerin" vorgestellt, welche für eine Agentur arbeitet, die für sie wirbt und ihr die Freier vermittelt (Drößler 1992, S. 41 ff.). Der Prostituiertenbewegung gelang es, Kontakt mit dem Bündnis 90/Die Grünen aufzunehmen und dieses von ihrer Problemdefinition und den zugehörigen Lösungsansätzen zu überzeugen (Drößler 1992, S. 41). Deshalb

---

[1] Vgl. in vielen Teilen Euchner (2014, S. 117–120).

enthielten die Gesetzentwürfe von Bündnis 90/Die Grünen in den 1990er Jahren viele Forderungen der Prostituiertenprojekte.[2] Prostituiertenprojekte wurden von Aktivistinnen unterstützt, die im liberalen oder sozialistischen Feminismus verankert waren. Sie waren überzeugt, dass der Ruf nach Gleichstellung von Frau und Mann im Berufsleben auch im Feld der Prostitution relevant sei. Die frühe deutsche Frauenbewegung, die bis heute vor allem von Alice Schwarzer verkörpert wird, orientierte sich dagegen vornehmlich an der Tradition des radikalen Feminismus, welcher Prostitution als Erniedrigung von Frauen betrachtet (Emma November/Dezember 2013). Prostitution sei ein Phänomen der kapitalistischen Gesellschaft, welche es dem Mann erlaube, die Frau zu dominieren und somit ein patriarchisches Lebensmodell zwischen Mann und Frau stütze (Outshoorn 2005, S. 145). Diese Vorstellung traf in den 1990er Jahren auf starken Widerstand. Gebhardt (2012, S. 43 ff.) erklärt, dass Alice Schwarzer zwar die bekannteste deutsche Feministin sei, sie aber seit den 1990er Jahren mehr Unterhaltungswert als wirkliche politische Durchschlagskraft habe. Auch führte das Aufstreben von jungen Feministinnen dazu, dass Alice Schwarzer im Hinblick auf die Prostitutionsdebatte in den 1990er Jahren eher zurückhaltend war. Andere Interessengruppen, die sich explizit den Opfern von Menschenhandel und Zwangsprostitution widmeten, waren weniger präsent in der Debatte (vgl. Protokoll zur Anhörung des BT-Ausschusses für Familie, Senioren, Frauen und Jugend).[3] Ein Beispiel ist der Verein Solwodi e. V. (*Solidarity with Women in Distress*), der bereits Mitte der 1980er Jahre gegründet wurde und sich „für Betroffene von Prostitution" einsetzt, aber Mitte der 1990er Jahre nicht in den Politikformulierungsprozess involviert war (Euchner 01.12.2014, Interview Nr. 5).

Diese Umstände – gut organisierte Prostituierte mit engem Kontakt zu den Grünen, die von Frauen des liberalen und sozialistischen Feminismus unterstützt wurden, und einer Passivität von radikalen Feministinnen – führten dazu, dass Prostitution in erster Linie als ein Problem der rechtlichen und gesellschaftlichen Diskriminierung von Frauen, die freiwillig in diesem Milieu arbeiten, aufgefasst wurde. Die Sprecherin von Madonna e. V., einer Beratungsstelle für Prostituierte, spricht von einem „liberalisierte[m] Klima" (Euchner 13.08.2014, Interview Nr. 1). Prostitution wurde als „normaler Teil" der deutschen Gesellschaft betrachtet (ebd.). Gestützt wurde diese Definition von einem Urteil des Verwaltungsgerichts (VG) Berlin vom Dezember 2000.[4] Felicitas Weidmann, eine ehemalige Prostituierte und Besitzerin des „Café Pssst!", klagte gegen den Entzug ihrer Gaststättenlizenz.

---

[2] BT-Drs. 13/6372.

[3] BT-Drs. 14/69.

[4] VG Berlin, 01.12.2000 – 35 A 570/99.

Dahinter stand der Vorwurf, dass sie der Unsittlichkeit Vorschub leisten würde, da ihr Lokal als Kontaktstätte zwischen Prostituierten und deren Kunden diente. Das Verwaltungsgericht gab der Klägerin Recht, weil Prostitution nach der heute anerkannten sozialethischen Wertvorstellung nicht mehr als sittenwidrig anzusehen sei (Leitsatz 2). Dieses Urteil und insbesondere Frau Weidmanns öffentliche Erklärung, dass Prostitution auch freiwillig ausgeübt werden könne, stützte die Problemdefinition von Bündnis 90/Die Grünen (FAZ 02.12.2000).

In den letzten Jahren veränderte sich die Stärke und Sichtbarkeit der verschiedenen Interessengruppen und der deutschen Frauenbewegung. Auf der einen Seite führte die Legalisierung von Prostitutionsbetrieben zu der Gründung des Bundesverbands für sexuelle Dienstleitungen (BSD) und des Unternehmerverbands Erotik Gewerbe Deutschland (UEGD). Darüber hinaus schlossen sich Prostituierte im Jahr 2013 zum Berufsverband erotische und sexuelle Dienstleitungen (BesD) zusammen. Diese Gruppen unterstützen die Prostituiertenprojekte und stärkten das Bild von verantwortungsbewussten und freiwillig arbeitenden Frauen in der Prostitution. Auf der anderen Seite haben sich verstärkt Vereine positioniert, die sich für Opfer von Menschenhandel, Kinder- oder Zwangsprostitution einsetzen. Zu ihnen gehören zum Beispiel die Mitternachtsmission, welche in der Trägerschaft der Diakonie liegt, sowie Karo e. V., Solwodi e. V. oder Kok e. V. (BMFSFJ 24.06.2014). Zugleich äußerten sich verstärkt Verwaltungsbehörden, wie Gewerbe- und Gesundheitsämter, sowie die Polizei, die mit unklaren Implementationsvorgaben kämpfen (Euchner 2015b, S. 120; Pates 2012, S. 213 ff.).

Zwar wurden in einigen Städten sogenannte „Runde Tische" eingeführt (zum Beispiel in Dortmund, Düsseldorf und Berlin), in welchen alle Interessengruppen zusammenkommen und nach ausgewogenen Lösungen suchen (ZEIT 23.11.2013; vgl. Euchner und Preidel 2014b). Allerdings können sich zunehmend diejenigen Verbände und Behörden Gehör verschaffen, die sich mit dem Problem der Gewalt an Prostituierten, Zwangsprostitution oder Menschenhandel beschäftigen. Dies hängt mit veränderten Rahmenbedingungen im Prostitutionsgewerbe zusammen (siehe Unterkapitel 5.2), dem enormen Engagement von Seiten der EU im Hinblick auf Menschenhandel und organisierter Kriminalität,[5] und dem erneuten Einsatz der bekanntesten Feministin Deutschlands. Alice Schwarzer gelang es, mit der Kampagne „Appell gegen Prostitution" wieder Gehör in den deutschen Medien zu finden. Entsprechend des radikalen Feminismus argumentierte Alice Schwarzer, dass Prostitution „Frauen zum käuflichen Geschlecht" degradiere, das

---

[5] Im Jahr 2011 schaffte die Europäische Kommission die Stelle eines „EU Anti-Trafficking Coordinators" (European Commission 2015).

Begehren „brutalisiere" und die „Ungleichheit zwischen Männer und Frauen" stärke. Deshalb wird in dem Appell gefordert, kurzfristig Prostitution einzudämmen, unter anderem mit Maßnahmen wie der Bestrafung von Freiern. Langfristig soll Prostitution komplett abgeschafft werden (Emma November/Dezember 2013). Zahlreiche Prominente aus Politik und Gesellschaft unterstützten die Kampagne. Die Schauspielerin Maria Furtwängler oder die ehemalige EKD-Ratsvorsitzende Margot Käßmann gehören dazu. Bis Anfang des Jahrs 2015 unterzeichneten fast 13.000 Personen den Appell (Emma 2015). Diese Problemwahrnehmung erhielt auch Unterstützung vom christdemokratischen Parteienlager. Der CSU-Rechtsexperte Volker Ullrich argumentierte zum Beispiel: „Viele hängen noch immer dem Bild der freien, selbstbestimmten Sexarbeiterin nach. Die ist zwar ein gern gesehener Talkshowgast, aber leider die absolute Ausnahme." Die Realität sei eine ganz andere; das Prostitutionsgewerbe sei von sozialer Not und Zwangsarbeit geprägt (Die WELT 31.01.2015).

5.2   Problemdefinition: Einfluss der Beschaffenheit des Prostitutionsmarktes

Die Veränderung der Beschaffenheit des Prostitutionsmarktes hat auch zu einem Wandel der Problemdefinition in den letzten Jahren beigetragen (Wagenaar et al. 2013; vgl. für die Niederlande Outshoorn 2012). Diese Veränderung wurde in erster Linie von der EU[6]-Osterweiterung, der technologischen Modernisierung sowie den mangelhaften Implementationsvorgaben des Prostitutionsgesetzes von 2001 getrieben. Manche Sozialarbeiter identifizieren darüber hinaus „immer extremere Forderungen von Männern" als weitere Ursache (Euchner 01.12.2014, Interview Nr. 5). Zusammengefasst führte dies zu einer neuen Vielfalt an angebotenen Dienstleitungen und zu einem Anstieg an ausländischen Prostituierten. Neben den typischen Formen, wie Straßenstrich und Bordellbetrieb, gibt es nun vermehrt Wohnungsprostitution sowie verschiedenste Spielarten des gewerblichen Betriebs. Dies umfasst zum Beispiel Saunaclubs, Flatrate-Bordelle, Domina Studios oder Escort Services. Zudem vereinfachen moderne Kommunikationsmittel, wie das Internet oder Mobiltelefone, den Zugang zu und die Organisation von Sexarbeit (Wagenaar et al. 2013, S. 17). Neben modernen Kommunikationskanälen und Geschäftsmodellen haben neue Migrationsströme innerhalb der EU das Milieu verändert. Von vielerlei Seiten wird bestätigt, dass seit dem EU-Beitritt von ost-

---

[6] Europäische Union.

europäischen Ländern, wie Rumänien und Bulgarien im Jahr 2007 sowie Polen, Tschechien oder Litauen im Jahr 2004, verstärkt ausländische Frauen und Männer im deutschen Prostitutionsmarkt tätig sind (Kavemann und Steffan 2013, S. 14). Manche dieser Frauen sind Opfer von organisierter Kriminalität (ICMPD 2009, S. 202 f.) oder sind der Kategorie der Armutsprostitution zu zuordnen (Kavemann und Steffan 2013, S. 14).

Trotz der prekären Situation dieser Frauen gibt es zahlreiche Berichte von deutschen Prostituierten, die sich über die „neue Konkurrenz" beklagen und insbesondere den Preisverfall kritisieren (Euchner 01.12.2014, Interview Nr. 5). Vor allem auf dem Straßenstrich werden die Preise von Migranten gedrückt, da sie dieselben sexuellen Dienstleistungen für weniger Geld anbieten. Auf dem Dortmunder Straßenstrich bemängelte zum Beispiel die Prostituierte Dany K., dass Oralverkehr in den letzten Jahren schon für 5 € zu haben gewesen sei (SZ 22.03.2013). Auch offizielle Statistiken des Pilotprojekts „Profis: Prävention in Clubs und Bordellen" der Deutschen AIDS-Hilfe e. V. bestätigen den wachsenden Migrantenanteil (Euchner 17.07.2014, Interview Nr. 3). Etwa 80 % der angesprochen Prostituierten haben keinen deutschen Ursprung, während der Anteil an Migranten vor einigen Jahren bei ca. 30 % lag (ebd.). Der Verein Solwodi e. V. spricht sogar von 90 % (Euchner 01.12.2014, Interview Nr. 5).

Die europäischen Richtlinien zur Arbeitnehmerfreizügigkeit (Art. 45 AVEUV)[7], Niederlassungsfreiheit (Art. 49 ff. AEUV) und Dienstleistungsfreiheit (Art. 56 ff. AEUV) ebneten hierfür den rechtlichen Weg (Pichler 2013, S. 187; vgl. Galen 2004). Ferner stellte der Europäische Gerichtshof (EuGH) bereits 2001 fest, dass die selbstständig ausgeübte Prostitution eine gegen Entgelt erbrachte Dienstleistung im Sinne einer Erwerbstätigkeit ist (Art. 43 EGV).[8] Pichler (2013, S. 187) fasst das Urteil zusammen und erklärt, dass es nicht darauf ankommt, „ob der jeweilige Staat die nicht rechtswidrig ausgeübte Tätigkeit als sittenwidrig betrachtet oder nicht, sondern nur darauf, ob sie von einem eigenen Staatsangehörigen ausgeübt werden darf und nicht verboten ist." Das deutsche Bundesverwaltungsgericht hat daraufhin von einer früheren Entscheidung Abstand genommen und folgt nun der Rechtsprechung des EuGHs. Somit basiert die neue Problemdefinition der letzten Jahre nicht nur auf einer veränderten Sichtbarkeit der verschiedenen Interessengruppen und der deutschen Frauenbewegung, sondern auch auf neuen gesellschaftlichen Rahmenbedingungen.

---

[7] Vertrag über die Arbeitsweise der Europäischen Union, ABI C 2008/115, 47.
[8] EuGH 20.11.2001, C-268/88.

5.3 Bündnis 90/Die Grünen als einsamer Agent

Es ist hinlänglich bekannt, dass neue Probleme bzw. ein neues Verständnis eines alten Problems nicht notwendigerweise zu Reformen führen. Ein parteipolitischer Agent ist unumgänglich, welcher das Thema auf die parlamentarische Agenda setzt und Gesetzesentwürfe erarbeitet. Die Reform im Jahr 2001 war möglich, weil die Prostituiertenprojekte mit den Grünen einen starken Verbündeten hatten, für den das Thema auch parteipolitisch attraktiv war (vgl. Euchner 2015b, S. 118). Die Abgeordnete von Bündnis 90/Die Grünen, Irmingard Schewe-Gerigk, argumentierte im April 1997 zum Beispiel: „Diese Doppelmoral hat dazu geführt, da[ss] auch Gesetze und Rechtsauffassungen Prostituierte diskriminieren" (BT-Plenarprotokoll 13/169, S. 15354). Die Abgeordnete der Grünen spielte auf den Umstand an, dass Prostitution von gesetzlicher Seite als sittenwidrig eingestuft wurde, in der Gesellschaft allerdings die ablehnende Haltung gegenüber Prostituierten zurückgegangen ist. Das veränderte Werteverständnis der Bevölkerung im Hinblick auf Sexualität stützte somit die Bündnis 90/Die Grünen und ihr postmaterialistisches Profil (vgl. Probst 2013, S. 509 f.). Zu diesem Zeitpunkt waren diese Themen recht attraktiv, da ein großer Teil der Wählerschaft nach vielen Jahren konservativ-liberalen Regierungshandelns eine Modernisierung bezüglich moralpolitischer Themen forderte. Schließlich konnten sich die Grünen mit einem abgespeckten Entwurf auch bei ihrem Koalitionspartner, der SPD, durchsetzen (Euchner 2015a).

Koalitionsstreitigkeiten charakterisieren noch heute die Debatte (FAZ 08.08.2014). Die Union und die SPD sind recht uneins über die konkrete Ausgestaltung des neuen Prostitutionsgesetzes, wenngleich beide eine stärkere Kontrolle von Bordellbetrieben befürworten. Allerdings sind beide Parteien keine Agenten der Prostitutionspolitik, da sie sich trotz angepasster Problemdefinition schwer tun, innerhalb der Fraktion Mehrheiten zu finden und mit den Reformvorschlägen ihre Wählerklientel zu befriedigen. Denn in Deutschland bleibt es unumstritten, dass die Nachfrage nach sexuellen Dienstleitungen stets vorhanden und durch rechtliche Maßnahmen nicht einzuschränken ist (ZEIT 02.04.2014). Dieser Umstand lässt sich bei der religiösen und der radikal feministischen Wählerschaft beider Volksparteien schwer verkaufen. Es bedeutet nämlich, dass sämtliche Maßnahmen, welche auf ein Totalverbot oder eine langfristige Abschaffung mittels einer Kriminalisierung von Freiern abzielen, nicht effektiv wären. Folglich ist die Prostitutionsthematik zu riskant, um im Sinne des Parteienwettbewerbs ausgeschlachtet werden zu können. Das heißt, wir haben in Deutschland keinen klaren und starken parteipolitischen Agenten für ein Verbot bzw. eine Abschaffung von Prostitution. Die SPD läuft darüber hinaus Gefahr, der Wankelmütigkeit angeklagt zu werden, da sie innerhalb von 15 Jahren ihre Position im Hinblick auf Prostitution stark verändert hat (vgl. Euchner 2015a).

Die sozialdemokratische Bundesfamilienministerien Manuela Schwesig versucht mit einer Demoralisierungsstrategie von dieser Problematik abzulenken. In einem Interview mit der ZEIT vom 02. April 2014 erklärte sie: „Es geht weniger um Moral als um Rechte von Männern und Frauen, die in der Prostitution ausgebeutet werden. Für jede Pommesbude gelten in Deutschland strengere Auflagen als für Bordelle. Deshalb werde ich noch in diesem Jahr einen Gesetzentwurf zur Regelung von Prostitution vorlegen." Ähnliche Argumente wurden auch von Unionspolitikern angeführt (vgl. Kommentar von Hamburgs Innensenator Heino Vahldieck im Hamburger Abendblatt 16.02.2011). Der Fakt, dass die große Koalition Anfang 2015 immer noch keinen Gesetzesentwurf vorgelegt hat, deutet darauf hin, dass die Demoralisierungsstrategie von Frau Schwesig wenig erfolgreich war und das moralische Potenzial eine Einigung weiterhin erschwert.

Fazit

6

Die Prostitutionsreform von 2001 hat Deutschland an die Spitze der liberalen Staaten in Europa katapultiert. Diese Länder regulieren Prostitution mithilfe des Regimes „Erlaubnis mit Anerkennung". In Deutschland finden wir eine besonders liberale Ausgestaltung des Modells. Das Angebot von sexuellen Dienstleistungen ist nicht mehr sittenwidrig. Somit können Prostituierte ihren Lohn einklagen und sozialversicherungspflichtige Arbeitsverhältnisse in Bordellen eingehen. Der Betrieb von Bordellen und der Verkauf von sexuellen Dienstleistungen sind als reguläre berufliche Tätigkeiten anerkannt (Galen 2004). Zuhälterei und Werbung für sexuelle Dienstleitungen bleiben weiterhin verboten. Allerdings plant die derzeitige große Koalition einzelne Maßnahmen, die in eine restriktive Richtung gehen. Dazu gehört zum Beispiel eine gewerbliche Erlaubnispflicht für Bordellbetreiber, eine Anmeldepflicht für selbständige Prostituierte sowie eine Kondompflicht (FAZ 04.02.2015). Falls diese Vorschläge tatsächlich in ein Gesetz gegossen werden sollten, würde dies allerdings keinen Paradigmenwechsel einleiten. Deutschland würde sich weiterhin im Regime „Erlaubnis mit Anerkennung" befinden, da weder das Angebot noch die Nachfrage verboten werden sollten. Außerdem würden Prostituierte ihren arbeitsrechtlichen Status behalten. Folglich würden diese Schritte eher zu einer Konkretisierung der bestehenden Rechtslage führen als zu einem Wandel im Regulierungsmodell. Dabei orientiert sich die Bundesregierung an Pilotprojekten in Deutschland, wie zum Beispiel dem „Dortmunder Modell".

Eine ähnlich liberale Handhabung wie in Deutschland findet sich nur in wenigen europäischen Ländern und dies auch erst seit Mitte der 1990er Jahre. In den vorherigen Jahrzehnten folgten die meisten Staaten dem Modell „Erlaubnis ohne Anerkennung" und schränkten Prostitution dadurch mehr oder weniger stark ein

© Springer Fachmedien Wiesbaden 2015
E.-M. Euchner, *Prostitutionspolitik in Deutschland,* essentials,
DOI 10.1007/978-3-658-09747-9_6

(auch Deutschland). Heutzutage haben sich in Europa sehr unterschiedliche regulative Ansätze herauskristallisiert. Neben Deutschland unterstützen zum Beispiel auch Griechenland, Österreich oder die Niederlande eine sehr liberalere Handhabung und erkennen Prostitution weitestgehend als berufliche Tätigkeit an. Eine andere Gruppe von Ländern folgt dem „abolitionistischen Regime" und zielt mit der Bestrafung von Freiern darauf ab, Prostitution langfristig abzuschaffen. Bekannte Vertreter sind zum Beispiel Schweden, Norwegen oder Finnland. Eine letzte Gruppe von Ländern wie Spanien, Portugal oder Italien ist quasi regulativ erstarrt und verfolgt weiterhin das vage Regime der „Erlaubnis ohne Anerkennung" aus der letzten Hälfte des 20. Jahrhunderts.

Diese regulative Diversität in Europa steht im Zentrum des Beitrags. Am Beispiel von Deutschland wird in einer ersten Leitfrage untersucht, welche Gründe das Land dazu bewogen hat, dem liberalsten Regulierungsmodell zu folgen. Die zweite Leitfrage beschäftigt sich damit, wie die Kehrtwende in der aktuellen Debatte erklärt werden kann. Die Analyse deckt auf, dass die Problemdefinition von Prostitution, ihr Wandel über Zeit sowie die Präsenz von parteipolitischen Agenten, den deutschen Regulierungsweg erklären können. Zusammengefasst lässt sich für die späten 1990er Jahre sagen, dass die starke Lobbyarbeit der Prostituiertenprojekte und die spezielle Beschaffenheit des deutschen Prostitutionsmarktes den Weg für eine besondere Problemdefinition ebneten. Freiwillige Prostitution und Zwangsprostitution wurden als getrennte Phänomene betrachtet (Dodillet 2013; Euchner 2015b, S. 117 ff.) und in den 1990er-Jahren stand insbesondere die diskriminierende Rechtslage von freiwillig tätigen Prostituierten im Mittelpunkt. Vor diesem Hintergrund erschien eine Reform in die liberale Richtung als der schlüssigste Lösungsansatz. Durchgesetzt hat sich diese Idee, weil die Grünen als parteipolitischer Agent fungierten und über die notwendige Regierungsmacht verfügten.

In den späten 2000er Jahren wandelte sich das Bild. Prostituiertenprojekte waren immer noch aktiv und gewannen von verschiedenen Seiten Unterstützung, zum Beispiel vom Berufsverband erotische und sexuelle Dienstleitungen. Zeitgleich fanden Vereine und Behörden Gehör, die vorrangig auf die Gewalt an Prostituierten und deren Zwangslage aufmerksam machen (z. B. Solwodi e. V.). Darüber hinaus veränderte sich der Prostitutionsmarkt im letzten Jahrzehnt massiv. Dies ist vor allem auf den technologischen Fortschritt, neue Migrationsströme innerhalb der EU sowie auf besondere Geschäftsmodelle zurückzuführen, die aufgrund vager Implementationsvorschriften entstanden (Pates 2012; Euchner 2015b, S. 121 f.). Dieses Zusammenspiel an Faktoren bewirkt, dass Prostitution heutzutage verstärkt als ein Problem von Armut, sozialer Ungleichheit sowie Degradierung des „schwachen Geschlechts" gesehen wird. Man geht davon aus, dass nur ein sehr kleiner Teil von

Prostituierten der Tätigkeit freiwillig nachgeht. Folglich erscheinen die geplanten gesetzlichen Maßnahmen der großen Koalition, wie Ausstiegsförderung und strikte Kontrolle von Bordellbetreibern als bestmöglicher Schlüssel zum Problem. Das Fehlen eines parteipolitischen Agenten mit Regierungsmacht und Interesse an einem Verbotsmodell erschwert allerdings den Entscheidungsfindungsprozess und wird voraussichtlich einen Regimewechsel verhindern. Eine ähnliche Entwicklung in der Problemdefinition findet sich auch in anderen europäischen Staaten, wie den Niederlanden, die ebenfalls zu Beginn der 2000er-Jahre eine liberale Regulierung von Prostitution einführten, aber jüngst auch kein Regimewechsel vollzogen (Outshoorn 2012).

Eine umfassende Reform ist schwierig, da es sehr unterschiedliche normative Traditionen gibt, die das Leitbild einzelner Abgeordneter und Parteien im Hinblick auf Sexualität und Partnerschaft bzw. Ehe prägen. Als zentrale Quelle dient der Feminismus und seine verschiedenen Strömungen (radialer, sozialistischer und liberaler Feminismus). Gleichzeitig finden sich in der deutschen Debatte auch zahlreiche Akteure, die sich auf ein christliches Werteverständnis stützen, welches den Verkauf von sexuellen Dienstleistungen grundsätzlich als moralisch verwerflich erachtet. Andere Akteure speisen ihr Leitbild vom „richtigen" und „falschen" Verhalten aus einem liberalen Werteverständnis. Dieses betont die Freiheitsrechte des Einzelnen und weist starke staatliche Einmischung sowie die enge Verzahnung von Staat und Kirche zurück. Oftmals vereinen selbst einzelne Abgeordnete „zwei Seelen in ihrer Brust". Das heißt, es ist sehr schwer für Parteien, die eine Vielzahl an Abgeordneten integrieren, eine einheitliche Position zu formulieren (Euchner und Preidel 2014a). Dieses Phänomen ist nicht nur in der Prostitutionspolitik, sondern auch für andere moralische Politiken sichtbar. Bekannte Beispiele sind die Regulierung von gleichgeschlechtlichen Partnerschaften (Preidel 2015; Euchner 2015a), bioethischen Fragen (Nebel 2015) oder Sterbehilfe (Preidel im Erscheinen; Preidel und Nebel 2015).

Nun lässt sich fragen, warum Parteien nicht vermehrt über ihren Schatten springen, und Initiativen ohne Parteidisziplin ermöglichen, um umfassenderen Wandel von moralpolitischen Fragen einzuleiten? Die Verzögerung von Reformen schürt in erste Linie den Unmut von Interessengruppen und Oppositionsparteien, die der Regierung zurecht Untätigkeit und Unfähigkeit vorwerfen können. Damit riskieren Koalitionsregierungen ihre Wiederwahl. Einzelne Politiker, wie der CSU-Bundestagabgeordnete Volker Ullrich geben zu: „Wir wissen seit Jahren um die unhaltbaren und menschenunwürdigen Zustände im Prostitutionsgewerbe. […]. Für dieses Nichtstun müssen wir uns rechtfertigen. Der Gesetzgeber hat schließlich eine Handlungspflicht" (Die WELT 31.01.2015).

Auch EU-kritische und rechtspopulistische Akteure, wie die AfD, die NPD[1] oder die Pegida-Bewegung, können von einer Verzögerung profitieren, da sie Raum für ausländerfeindliche Parolen erhalten. Genauer gesagt, kann mit dem Thema der Prostitution die Schwierigkeiten der EU-Osterweiterung im Speziellen und der Armutsmigration im Allgemeinen aufgezeigt werden. Es finden Migrationsbewegungen von den ärmeren (osteuropäischen) Ländern in die reicheren (westeuropäischen Länder) statt. Dienstleitungen werden preiswerter angeboten, was einheimische Kräfte unter Druck setzt. Entweder passen diese ihr Angebot an oder sie verlieren ihren Job. Dieses Phänomen findet sich nicht nur in der Prostitution, sondern auch in vielen anderen Bereichen, die ein mittleres Qualifizierungsniveau erfordern und oft am Rande der Schwarzarbeit agieren (z. B. Altenpflege, Erntehelfer). Diese Umstände fördern selbstverständlich die Ressentiments der betroffener Bevölkerungsgruppe im Hinblick auf die Integration von und die Solidarität mit ärmeren Mitgliedsstaaten (vgl. Kriesi et al. 2012). Somit sind inkrementelles Handeln und Reformstau in der deutschen Prostitutionspolitik nicht nur per se unbefriedigend, sondern haben negative Nebeneffekte. Sie unterstützen EU-kritische und rechtspopulistische Akteure in Deutschland. Vor diesem Hintergrund sind umfassende Maßnahmen, auch im Hinblick auf die deutsche Immigrations- und Asylpolitik, dringend erforderlich.

---

[1] Alternative für Deutschland, Nationaldemokratische Partei Deutschlands.

Was Sie aus diesem Essential mitnehmen können

- Die Prostitutionspolitik ist politisch so brisant, weil sie viele moralische und weltanschauliche Fragen aufwirft, wie zum Beispiel die Rolle der Frau in der Gesellschaft, das angemessene Verständnis von Sexualität und Partnerschaft, die Frage nach dem Einfluss von Kirchen und Religion sowie Fragen nach den Grenzen staatlicher Einflussnahme
- Die Prostitutionsregulierung in Europa folgte im Gegensatz zu vielen anderen moralischen Politiken keinem klaren Liberalisierungstrend. Derzeit finden sich in Europa drei verschiedene Regulierungsmodelle, wobei einige Länder einen sehr liberalen Ansatz verfolgen, andere im Mittelfeld bleiben und eine dritte Gruppe einen restriktiven Weg einschlug
- Deutschland verfolgt im europäischen Vergleich einen sehr liberalen Ansatz, welcher derzeit stark hinterfragt wird
- Zentrale Ursachen für den deutschen Weg sind eine besondere Problemdefinition sowie die Präsenz eines starken parteipolitischen Agentens
- Trotz des derzeitigen, neuen Reformdrucks wird man voraussichtlich am aktuellen Modell „Erlaubnis mit Anerkennung" festhalten
- Reformschritte sind allerdings empfehlenswert, da eine Verzögerung EU-kritischen und rechtspolitischen Kräften in die Hände spielt

© Springer Fachmedien Wiesbaden 2015
E.-M. Euchner, *Prostitutionspolitik in Deutschland,* essentials,
DOI 10.1007/978-3-658-09747-9

Literatur

Arbeitsgemeinschaft der öffentlich-rechtlichen Rundfunkanstalten der Bundesrepublik (ARD) (2013) Menschen bei Maischberger; Thema: Schluss mit käuflichem Sex: Kann man Prostitution verbieten? Zugegriffen: 30. Juni 2014 (26. November 2013)

Baumgartner F, Mahoney C (2008) Forum section: the two faces of framing: individual-level framing and collective issue definition in the European Union. Eur Union Pol 9:435–449. doi:10.1177/1465116508093492

Budde E, Heichel S (2015) Von „So nicht!" zu „Ja, aber…"; Der lange Weg zum Fristenmodell in der Regulierung des Schwangerschaftsabbruchs. In: Knill C, Heichel S, Preidel C, Nebel K (Hrsg) Moralpolitik in Deutschland. Springer, Wiesbaden, S 69–88

Budde E (im Erscheinen) Abtreibungspolitik in Deutschland. Ein Überblick. Springer, Wiesbaden. Bundesministerium für Familie, Senioren, Frauen und Jugend (BMBSFJ) (2007) Reglementierung von Prostitution; Ziele und Probleme: eine kritische Betrachtung des Prostitutionsgesetzes. http://www.bmfsfj.de/BMFSFJ/Service/publikationen,did=93302.html. Zugegriffen: 20. Feb. 2015

Bundesministerium für Familie, Senioren, Frauen und Jugend (BMBSFJ) (2014a) Bundesfamilienministerin Manuela Schwesig im Interview. ZEIT online (02.04.2014)

Bundesministerium für Familie, Senioren, Frauen und Jugend (BMBSFJ) (2014b) Anhörung zur Regulierung des Prostitutionsgewerbes. http://www.bmfsfj.de/BMFSFJ/gleichstellung,did=208046.html. Zugegriffen: 20. Feb. 2015 (24.06.2014)

Bundesministerium für Familie, Senioren, Frauen und Jugend (BMBSFJ) (2015) Prostitution; Externe Links zum Thema. http://www.bmfsfj.de/BMFSFJ/gleichstellung,did=97962.html. Zugegriffen: 2. März 2015

CDU/CSU Fraktion im Deutschen Bundestag (2013) Prostitutionsgesetz ändern: Opfer erkennbar machen. Menschenhandel und sexuelle Ausbeutung haben erschreckend zugenommen (15. April 2013)

CDU/CSU und SPD (2013) Deutschlands Zukunft gestalten: Koalitionsvertrag zwischen CDU, CSU und SPD. http://www.bundesregierung.de/Content/DE/StatischeSeiten/Breg/koalitionsvertrag-inhaltsverzeichnis.html. Zugegriffen: 20. Februar 2015 (27.11.2013)

Die WELT (2015) Stillstand beim Prostitutionsgesetz; Mindestalter und Kondompflicht lauten Forderungen der Union. Doch die SPD zögert. Nun stockt die so weit gediehene Einigung. Die WELT 4 (31.01.2015)

© Springer Fachmedien Wiesbaden 2015

E.-M. Euchner, *Prostitutionspolitik in Deutschland,* essentials,

DOI 10.1007/978-3-658-09747-9

Dodillet S (2013) Deutschland – Schweden: Unterschiedliche ideologische Hintergründe in der Prostitutionsgesetzgebung. APuZ 9: 29–34

Drößler C (1992) Women at work; Sexarbeit, Binnenmarkt und Emanzipation. Dokumentation zum 1. Europäischen Prostituiertenkongreß. Schüren, Marburg

Emma (2013) Appell gegen Prostitution.

Emma (2015) Homepage: Appell gegen Prostitution. http://www.emma.de/unterzeichnender-appell-gegen-prostitution-311923. Zugegriffen: 21. Feb. 2015 (November/Dezember 2013)

Etzemüller T (2005) 1968, ein Riss in der Geschichte? Gesellschaftlicher Umbruch und 68er Bewegungen in Westdeutschland und Schweden. UVK, Konstanz

Euchner E (2014a) Prostitution regulation in Germany (Interview 3 – Speaker). Deutsche Aidshilfe e. V., Munich (17.07.2014)

Euchner E (2014b) Reform of prostitution policy in Germany (Interview 1 – Speaker). Madonna e. V., Munich (13.08.2014)

Euchner E (2014c) Regulierung von Prostitution in Deutschland (Interview 5 – Speaker). Solwodi e. V. (Augsburg), Munich (01.12.2014)

Euchner E (2015a) Politics of dilemma. Coalition considerations and party conflict on morality policies in Spain and Germany. Dissertation, Konstanz

Euchner E (2015b) Prostitutionsregulierung; Politische Einigung zulasten der Implementation. In: Knill C, Heichel S, Preidel C, Nebel K (Hrsg) Moralpolitik in Deutschland. Springer, Wiesbaden, S 107–126

Euchner E, Preidel C (2014a) Religion versus gender? Investigating conflict lines and patterns of politicization in morality policies, ECPR General Conference, University of Glasgow

Euchner E, Preidel C (2014b) State capacity and typical forms of moral regulation. Some insights from two extraordinary services: assisted suicide and sex work. FoJus-Tagung der DVPW, München

Euchner E, Heichel S, Nebel K, Raschzok A (2013) From ‚morality' policy to ‚normal' policy: framing of drug consumption and gambling in Germany and the Netherlands and their regulatory consequences. J Eur Public Policy 20:372–389. doi:10.1080/13501763.2013.761506

European Commission (2015) Together against trafficking in human beings. http://ec.europa.eu/anti-trafficking/eu-anti-trafficking-coordinator_en. Zugegriffen: 23. Feb. 2015

Evangelische Kirche im Rheinland (EKiR) (2008) Positionspapier des Beirats des Frauenreferates der EKiR. Ein differenzierter Blick auf die Prostitution. https://www.ekir.de/ekir/dokumente/Positionspapier_zur_Prostitution_Endfassung-14-11-08.pdf. Zugegriffen: 27. Feb. 2015 (14.11.2008)

FAZnet (2014) Koalition streitet über Neuregelung der Prostitution (08.08.2014)

FAZnet (2015) Koalition einigt sich auf Kondompflicht (04.02.2015)

Frankfurter Allgemeine Zeitung (2000) Anerkannte Sexualdienstleistung; Ein Gerichtsurteil zur Prostitution (02.12.2000)

von Galen M (2004) Rechtsfragen der Prostitution: das Prostitutionsgesetz und seine Auswirkungen. C.H. Beck, München

Gebhardt M (2012) Alice im Niemandsland. Wie die deutsche Frauenbewegung die Frauen verlor. DVA, München

Hamburger Abendblatt (2011) Neue Regeln fürs Rotlichtgewerbe (16.02.2011)

Heichel S, Rinscheid A (2015) Ein klassischer Fall von Inkrementalismus. Die Liberalisierung der Regulierung von Homosexualität. In: Knill C, Heichel S, Preidel C, Nebel K (Hrsg) Moralpolitik in Deutschland. Springer, Wiesbaden, S 127–146

Heichel S, Knill C, Preidel C (2015) Moralpolitik in Deutschland. In: Knill C, Heichel S, Preidel C, Nebel K (Hrsg) Moralpolitik in Deutschland. Springer, Wiesbaden, S 243–261

Htun M (2003) Sex and the state; Abortion, divorce, and the family under Latin American dictatorships and democracies. Cambridge University Press, Cambridge

International Centre for Migration Policy Development (2009) Legislation and the situationconcerning trafficking in human beings for the purpose of sexual exploitation in EU Member States. http://ec.europa.eu/dgs/home-affairs/doc_centre/crime/docs/evaluation_eu_ms_thb_legislation_en.pdf. Zugegriffen: 21. Feb. 2015

Jentsch W (1989) Evangelischer Erwachsenenkatechismus III. Kirche in unserer Zeit. Gütersloher Verlagshaus Mohn, Gütersloh

Katholische Kirche (1997) Katechismus der Katholischen Kirche, Libreria Editrice Vaticana, Città del Vaticano

Katholische Kirche (1995) Leben aus dem Glauben. Herder, Freiburg [i.Br.]

Kavemann B (2012) Die Regelung der Prostitution durch das Gewerberecht; Ergebnisse der Evaluation des Prostitutionsgesetzes. In: Bundesministerium für Familie, Senioren, Frauen und Jugend (Hrsg) Regulierung von Prostitution und Prostitutionsstätten. BMFSFJ, Berlin, S 9–14

Kavemann B, Steffan E (2013) Zehn Jahre Prostitutionsgesetz und die Kontroverse um die Auswirkungen. APuZ 9:9–15

Kelly L, Coy M, Davenport R (2009) Shifting sands: a comparison of prostitution regimes across nine countries. Report of the Child and Woman Abuse, Studies Unit at the London Metropolitan University

Knill C, Heichel S, Preidel C, Nebel K (Hrsg) (2015) Moralpolitik in Deutschland. Springer, Wiesbaden

Kriesi H, Grande E, Dolezal M, Helbling M, Höglinger D, Hutter S, Wüest B (Hrsg) (2012) Political conflict in Western Europe. Cambridge University Press, Cambridge

Leopold B, Steffan E, Paul N (1994) Dokumentation zur rechtlichen und sozialen Situation von Prostituierten in der Bundesrepublik Deutschland. W. Kohlhammer, Stuttgart

Limoncelli SA (2010) The politics of trafficking. The first international movement to combat the sexual exploitation of women. Stanford University Press, Stanford

Minzel H (2015) Gewerberechtliche Anmeldung und Konzessionierung von Prostitutionsstätten am Beispiel „Dortmunder Modell". http://www.kriminalpolizei.de/themen/kriminalitaet/detailansicht-kriminalitaet/artikel/gewerberechtliche-anmeldung-und-konzessionierung.html. Zugegriffen: 20. Feb. 2015

Mooney CZ (2001) The public clash of private values. In: Mooney C (Hrsg) Public clash of private values: the politics of morality policy. Chatham House, New York, S 3–18

Nebel K (2015) Embryonale Stammzellforschung; Schneller Kompromiss trotz starker Polarisierung. In: Knill C, Heichel S, Preidel C, Nebel K (Hrsg) Moralpolitik in Deutschland. Springer, Wiesbaden, S 89–106

Outshoorn JV (Hrsg) (2004) The politics of prostitution: women's movements, democratic states and the globalisation of sex commerce. Cambridge University Press, Cambridge

Outshoorn JV (2005) The political debates on prostitution and trafficking of women. Soc Polit 12:141–155. doi:10.1093/sp/jxi004

Outshoorn J (2012) Policy change in prostitution in the Netherlands: from legalization to strict control. Sex Res Soc Policy 9:233–243. doi:10.1007/s13178-012-0088-z

Pates R (2012) Liberal laws juxtaposed with rigid control: an analysis of the logics of governing sex work in Germany. Sex Res Soc Policy 9:212–222. doi:10.1007/s13178-012-0092-3

PCMIP (2005) I international meeting of pastoral care for the liberation of women of the street. UVK, Rom (20.06.2005)

Person C (2015) Der Staat lässt die (rechtlichen) Hüllen fallen; Die Liberalisierung pornografischer Materialien. In: Knill C, Heichel S, Preidel C, Nebel K (Hrsg) Moralpolitik in Deutschland. Springer, Wiesbaden, S 165–185

Pichler B (2013) Sex als Arbeit; Prostitution als Tätigkeit im Sinne des Arbeitsrechts. Disserta-Verlag, Hamburg

Preidel C (im Erscheinen) Sterbehilfepolitik in Deutschland. Eine Einführung. Springer, Wiesbaden.

Preidel C (2015) Das zögerliche Jawort zur Homo-Ehe. In: Knill C, Heichel S, Preidel C, Nebel K (Hrsg) Moralpolitik in Deutschland. Springer, Wiesbaden, S 147–164

Preidel C, Nebel K (2015) Last Exit Gewissensentscheidung. Die Regulierung von Sterbehilfe. In: Knill C, Heichel S, Preidel C, Nebel K (Hrsg) Moralpolitik in Deutschland. Springer, Wiesbaden, S 51–68

Probst L (2013) Bündnis 90/Die Grünen (GRÜNE). In: Niedermayer O (Hrsg) Handbuch Parteienforschung. Springer, Wiesbaden, S 509–541

Schmitt S, Euchner E, Preidel C (2013) Regulating prostitution and same-sex marriage in Italy and Spain: the interplay of political and societal veto players in two catholic societies. J Eur Public Policy 20:425–441. doi:10.1080/13501763.2013.761512

Süddeutsche Zeitung (2013) Gericht ordnet Straßenstrich an. Stadt Dortmund muss neuen Strich suchen (22.03.2013)

Svanström Y (2004) Criminalising the john – a Swedish gender model? In: Outshoorn JV (Hrsg) The politics of prostitution. Women's movements, democratic states and the globalisation of sex commerce. Cambridge University Press, Cambridge, S 225–245

Verloo M (2011) Research project QUING (2006–2011). Institut für die Wissenschaften vom Menschen (IWM)

Vorländer H (2013) Die Freie Demokratische Partei (FDP). In: Niedermayer O (Hrsg) Handbuch Parteienforschung. Springer, Wiesbaden, S 497–509

Wagenaar H, Altink S (2012) Prostitution as morality politics or why it is exceedingly difficult to design and sustain effective prostitution policy. Sex Res Soc Policy 9:279–292. doi:10.1007/s13178-012-0095-0

Wagenaar H, Altink S, Amesberger H (2013) Final report of the international comparative study of prostitution policy: Austria and the Netherlands, Den Haag

Weigl M (2013) Die Christlich-Soziale Union in Bayern e. V. (CSU). In: Niedermayer O (Hrsg) Handbuch Parteienforschung. Springer, Wiesbaden, S 469–497

Wildt G (2007) Vorwort. In: Diakonie (Hrsg) Rolle rückwärts? Erfahrungen und Wirkungen des Prostitutionsgesetzes; Fachtagung 1. bis 2. März 2007, Berlin. Zentraler Vertrieb des Diakonischen Werkes der EKD, Leinfelden-Echterdingen, S 5

ZEIT online (2013) Lasst uns über Sexarbeit reden (23.11.2013)

Zolleis U, Schmid J (2013) Die Christlich Demokratische Union Deutschlands (CDU). In: Niedermayer O (Hrsg) Handbuch Parteienforschung. Springer, Wiesbaden, S 415–439

Druck: KN Digital Printforce GmbH · Schockenriedstraße 37 · 70565 Stuttgart